소금꽃이 피는 자리

소금꽃이 피는 자리

김명이 시선집

창연

 1944년 경남 창원시 진동 광암에서 태어나 여자의 몸으로는 드물게 선장 일까지 하면서 지금까지 광암 갯마을을 지키고 있다. 2001년 예순의 나이로 뒤늦게 경남대학교 평생교육원에서 시와 수필 창작 공부를 시작했다. 2016년 11월 19일에는 지역을 빛낸 공로로 마산 삼진로터리클럽에서 「진동바다」 시비를 광암해수욕장 입구인 광암복지회관 옆에 세워주었다.

| 시인의 말 |

바다는 침묵하는 시인이다.
사람들이 다 돌아간 뒤에도 그는 끝없이 말을 적는다.
해초에 묻힌 이야기,
어망에 걸린 그리움,
통발에 섞인 다툼과 눈물,
조금씩 스러져가는 뱃전의 기억들까지
바다는 외면하지 않는다.

이 시선집은 네 권의 시집,
『바다가 쓴 시』, 『시작이 반이다』, 『늙은 고래의 푸념』,
『이것이 인생이다』에서 건져낸,
그 모든 파도와 햇살, 비린내와 애틋함이 응결되어
한 권의 시선집으로 묶였다.
여기에는 갈매기처럼 홀로 날던 젊은 날도 있고
폐선처럼 부서진 사랑도 있으며
지나간 추억을 되새김질하듯
눈물로 씻긴 시간도 있다.

그러나 그 모든 것이
결국 '소금꽃이 피는 자리'로 이어진다.
삶이 절여지고, 사랑이 희미해지고,
눈물이 마르고 나서야
비로소 소금처럼 남는 진실 - 그 진실이 언어가 되어
이 시집 안에서 피어난다.

이 책을 읽는 모든 이의 가슴에도
하얗게, 천천히,
소금꽃 한 송이로 피어나기를 바란다.

2025년 여름
바다를 닮아가는 마을에서
김명이 드림

| 차례 |

시인의 말 • 005

제1부

겨울비 • 013
공판장 • 014
작별 • 015
봄 바다 • 016
내외 • 017
덕성호 여선장 • 018
바다와 동행하다 • 020
광암 어판장 • 021
바다 은퇴식 • 022
산다는 것 • 023
품군 • 024
바다가 쓴 시 • 025
솔섬 • 026
흙밭 • 027
순덕 할머니 • 028
고래 • 029
저녁 바다 • 030
바람꽃 • 031
수정댁 • 032
훈장 • 033
바다 • 034

제2부

바다의 그루터기 • 037
벗어 놓은 발바닥 • 038
독서하는 갈매기 눈이 붉다 • 039
소리 없는 시 낭송 • 040
고백 • 041
광암 풍경·1 • 042
왜가리 • 043
만남 • 044
시월의 달 • 045
자리끼 • 046
토담집 • 047
빈방 • 048
폐가 • 049
저녁놀에 취하다 • 050
필통 같은 기차를 타요 • 051
도전장 내민 첫날 밤 • 052
여선장 • 053
굴 껍데기 손 • 054
내 고향 진동 • 055
유년의 고향 바다 • 056
봄이 오는 소리 • 058

제3부

바다와 포옹 • 061
바닷속 내 일기장 • 062
저 별은 내 가슴에 • 063
시작이 반이다 • 064
봄날 • 065
상족 바다 • 066
미더덕 • 068
파란만장 • 070
인심은 조석변이더라 • 071
산책 • 072
벚꽃놀이 • 073
개교 100주년 기념행사 축시 • 074
세상은 요지경 • 075
마음 가는 대로 살았으면 • 076
그리운 추억 • 077
머위잎 편지 • 078
어느 봄날에 • 079
등대로 가는 길 • 080
바다여 안녕 • 081
어떤 인연 • 082
술친구 하나라도 • 084

제4부

폭포의 깃털 • 087
탑이 무너지는 날 • 088
길 • 089
얼굴 없는 인연 • 090
주남저수지 풍경 • 091
동창생 • 092
이런 날도 있었다 • 093
사랑아 • 094
바람 부는 오후 • 095
생존의 법칙 • 096
여항산 • 097
푸른 휘파람 • 098
파도치는 날 • 099
내 마음 알고 있는 바다 • 100
보고 있어도 목마르다 • 101
숨 쉬는 나무 • 102
겨울 바다 • 103
안개 • 104
바다의 울음소리 • 105
인연이란 • 106
실종 • 107
사부곡 • 108

제5부

진동 바다 • 111
바다를 이겼다 • 112
남해 가천 다락 논 • 114
사천 무지개 길 • 115
봄의 향연 • 116
만남이란 • 117
황홀한 무지개 • 118
진해 해양공원 • 119
낙안읍성에서 • 120
증인이 된 소나무 • 121
살아있는 진동 바다 • 122
어부의 삶 • 124
구들방 아랫목 • 125
광암 부둣가 • 126
바다는 쉬운 일 아닌데 • 127
그해 가을 • 128
우포의 봄 • 130
이것이 인생이다 • 131
철고래는 수컷이었다 • 132
늙은 고래의 푸념 • 134
동반자 • 135

* 본문 페이지에서 한 연이 첫 번째 행에서 시작될 때에는 < 표기를 합니다.

제1부

겨울비

동장군이 바다로 건너오면
겨울비는 바늘이 된다
높새바람 꿰어 바다를 누비고
정 씨 부부를 누비고
어선을 통째로 박음질한다

비 오는 날 뱃놈 팔자 개만도 못하다더니
이 짓 안 하면 못 사나 허!

죽기보다 입기 싫은 장작같이 뻣뻣해진 비옷
피붙이 하나 없는 정 씨 부부
그 마음 알기는 하는지
가족이라고 돌이는 선창가에서
멍멍멍 이들 부부를 기다리다 고드름이 되고
바다에서 평생을 보낸 삭신이 젖어
언 얼굴에 바늘자국이 시뻘겋다

겨울비는
갯바람에 찢어진
예순 살 심장을 수술 중이다

공판장

어선을 따라
새벽 경매장까지 따라온 등대 불빛이
장화에 밟힌다
오가는 자동차 소리, 선원의 웃음소리에
공판장이 바쁘다

상에 올라선 호루라기 소리에
넙치와 뱀장어 꽃게와 딱새, 꽃새우까지
네모난 상자 안에서 자리싸움이다
경매인의 수신호와 눈길이
재빨리 상자에 꽂히고
뺏고 뺏기는 한판 승부에
서둘러 새벽이 온다

한바탕 소란이 썰물처럼 빠져나간
텅 빈 광암 공판장
상자에서 도망쳐 살아남은 것들
바닥에서 마지막 비린 숨을 할딱인다!

저 마지막 숨결에는
찬바람에 일렁이던 파도 무늬가 찍혀 있다

작 별

옥상에 올라 밤하늘을 보면,
저 하늘 어디 몽유도원이 있어
한 며칠 당신이랑 놀다 왔으면 좋겠다
방울방울 별빛이 떨어질 것 같은 하늘이
내가 아는 얼굴 같아서
나는 한참 하늘을 떠나지 못했다
목울대에서 울컥 흰 나리 한 다발 또 핀다
밤마다 껴입는 어둠도
당신이 생전에 지어 준 푸근한 옷 한 벌이라 여겨 두르고
한잠 푹 자고 일어나면
아침이 활짝 피어 있으리라
손을 뻗으면 어둠 속에 숨은
귓불이 만져질 것 같은데
당신은 여전히 멀리 있다. 이 어둠 한 벌이면
이미 이승에 놓인 당신 마음 넉넉한 것을,
무슨 욕심 더 필요할까
밤하늘을 펼쳐 놓고 오늘도 푸짐하게
보름달 한 상 거하게 내어주시는 당신

봄 바다

은빛 바다가 겨울에 짓눌린 사공을 깨운다
뱃머리에 부딪치는 비단 물보라
움츠렸던 가슴 펴고
밀물에 배 띄워 바다를 달린다

봄이여 어서 오라
소리쳐 부르면 가슴이 탁 트이고
바람에 봄 냄새가 실려 온다

넓은 가슴으로 품어주는 바다
차림표를 내미는 비린 봄
주문하고 싶은 게 너무 많다

학꽁치 감성돔 봄 도다리
딱새가 제철인데

봄 바다가 익는다
물비늘에 피는 꽃소리 들린다

내 외

아내는 바람에 맞서 노를 젓는다
배는 떠밀리고
순간, 남편의 고함 소리와 함께
밀대가 날아온다
날카로운 비명에 밤바다가 새파랗게 질리고
아내와 뒤엉킨 사내의 손아귀에
짠물에 젖은 머리카락이 한 움큼 뽑혀 나온다
한 번도 매끄럽게 빠져나가지 못한 삶의 덫에
오늘 밤도 걸려 넘어졌다

뱃전 구석에 나동그라진
어깨가 들썩이는 아내의 그림자를
바닷물이 흔들어 달랜다
시끄러운 기계음에 밀려난 울음이
분풀이하듯 통발을 끌어올린다

패대기친 통발 속
갓 잡은 장어가 미끄덩 꿈틀
절정의 몸짓이 뱃전으로 쏟아진다
"여보 빨리 잡아요. 빨리"
허겁지겁 분노를 삭인 아내는
손가락 사이로 빠져나가는 바다를 사정없이 잡아챈다

덕성호 여선장

밤새껏 달래 놓은 뱃멀미
뭍에서 쏟아지는 불빛에 놀란 듯
울컥,
뱃머리 닿기 바쁘게 고개를 쳐든다

공판장 새벽 불빛 아래
가덕도 거제도가 줄줄이 드러눕고
삼켰던 숨 가쁜 파도
보그르르 거품을 뱉어 낸다
시끌벅적 새벽 공판장
물 위에 웅크렸던 토막잠과 갯바람에 그을린 얼굴과
여자이기를 포기한 마음까지 계산되어
얼음에 채워지고
바다가 통째로 상자에 담겨 팔려 나간다

밤새 물길을 헤매다 온 고깃배는 외양간에 매인 소처럼
밧줄에 묶여,
비로소 제집에 온 듯 고단한 잠에 빠져 있다

물갈피에 심어 둔 갈매기 울음과 노을과 파도 소리
그가 갈아엎은 물이랑은 몇 리나 되나,

소주 한잔 털어 넣고
갯내음 한 소쿠리 싸서 집에 가는 여선장
갈파래와 입씨름하던 이야기가

소라게처럼 몸에서 들락거린다

바다와 동행하다

 깊이를 모르는 너를 끌어안고 평생을 바동거렸지. 때로는 네게서 도망치고 싶어 너를 번쩍 들어 내던지면 어느새 발톱을 세워 첨벙 비명보다 더 빨리 내 얼굴을 할퀴며 달려들었지. 끝내 너를 버리지 못해 또 그렇게 수십 년 바보처럼 살았지, 소리를 질렀지 너를 버릴 수 없어 또 그렇게 수십 년 바보처럼 살았지 이제 솔섬 앞 아님 돌섬 앞에 그만 놓아주리라

 정녕 네가 그리우면 바람으로라도 날아가 네 겨드랑이를 간질이겠네, 그러면 때굴때굴 파도로 감아 얕은 해안에라도 내려다오

 비록 네 곁을 떠났을지라도 수평선에 물이 동하고 아침노을이 타오를 시간이 되면 나는 꺼지지 않는 심지에 불을 지피고 너는 해지는 저녁노을이 되리

광암 어판장

어스름을 싣고 귀향하는 뱃소리
검은 장화가 철퍼덕
뭍으로 오르는 겨울바람을 걷어찬다

경매를 앞둔 중개인들
새벽공기가 바짝 긴장을 하고
상자에 담긴 물메기
입을 크게 벌리고
펄쩍펄쩍 바다를 토해 낸다
게거품 물고 슬슬 기며 삿대질하는 게
납작 엎드린 도다리, 광어
수군거리며 곁눈질하다 눈이 삐뚤어졌다

파장이 가까울수록 참돔만큼 두터워지는 인심
마지막 상자에 꽁치를 담는 털보내외 손길이
부챗살처럼 하르르 펼쳐진다
"아재요, 꽁치 몇 마리 가져가이소"
"자아 자, 아지매도 가져가고요"

오랫동안 거친 물살을 다듬은
뱃사람의 손에 짜디짠 바다의 등뼈가 박혀 있다

물살 저미는 손 마디마디 고기 떼처럼
우르르 몰려와 난장을 치고 몰려가는 새벽 어판장
파도는 오늘따라 단가도 높다

바다 은퇴식

지는 해가 기관실을 더듬는다
수십 년 쓰던 치부책에 마지막 물길을 적는 해
미처 못다 한 말 푸념처럼 던져 보는 마지막 뱃길
갑판 위 어망과 도구
몽키스패너 기름 냄새까지도 무어라 작별 인사를 건넨다

자식만이 피붙이는 아니었다
나를 우걱우걱 갉아먹던
고래 심줄 사십 년, 나는 바다를 끼고 살았다
파도와 물새 울음이
굿은 날 수시로 내 몸에서 새어 나왔다

수없이 써 펼쳤던 뱃길
바다는 따라오며 다 지워 버렸다
한 장 백지만 펼쳐 놓고 읽어 보라는 결벽증
이른 봄날 물안개로
온몸을 비벼 대던 저 바다

장문의 편지를 다 받아 읽은 바다가 보낸
광어 우럭 도다리 노래미,
그 답장을 찾아 읽으며
여기까지 왔나보다

갈매기가 운다
지는 해를 따라가던 바다도 눈시울을 붉힌다

산다는 것

스무 살에 청상이 되어
남긴 씨앗
어영부영 반백이 되었다

홀어미 갈 곳 없어
먼 능선 위를 나는 기러기 떼
부러운 듯 하염없이 바라본다

팔순 노모 양로원 가는 날
손때 묻은 살림살이 만지고 또 만진다

금지옥엽 키운 외아들조차
세월의 무게에 짓눌려
패가망신, 4차 경매란다
쇠약한 발이
가늘게 떨고 있다

초점 잃은 눈빛
이웃의 배웅이 가시가 되어 목에 감기고
외로움이 천근의 무게로 내려앉아
깊게 팬 주름
걸어온 지도처럼 선명하다

품군

장맛비가 내려앉는
부둣가의 텁텁한 하루
빛 잃은 집어등 아래
하나둘 겹쳐진
후줄근한 작업복에 검은 장화
차마 내뱉지 못한 마음의 찌꺼기들
건네받는 소주잔에 털어 넣는다

황사 자욱한
어묵 국물에 고달픔을 씻는 저 웃음
감춰진 거품 덩어리
가로등 불빛에 반사되고
터벅터벅
또 다른 내일의 항해에
앉았다, 일어났다
혹은 서성거리며
오가는 술잔 속에 문득 비친
불혹의 나이

바다가 쓴 시

추억이 사는 양도 앞 하트섬
연인들만 다녀가는 게 아니다
며칠 전에 다녀간 태풍 나비
전장에서 얻은 전리품인 양
온갖 잡동사니 다 끌어다 영역을 표시해 놓았다
그 틈을 비집고
일순 푸른 파도가 일어선다
여름 바다가 쓴 한 줄의 시
작은 물새 두 마리 퐁당퐁당 물수제비로 시어를 풀었다

진주 구미 부산에서 모여든 시어가
떼구루루 물새 따라 날다가 툭툭 떨어진다
낭송시에 취한 집게 한 마리
시인의 발등에 언어를 그리고
찰박이던 물살조차 조는 오후 세 시
햇살이 수면을 기어가고
반짝이는 물무늬가 바다를 엮는다
시의 향기로 하트섬이 익어 간다

솔 섬

파도 소리를 듣고 싶다

왜가리와 갈매기가
먹이를 물고 곤두박질하는
진동 고향 바다
사립문 나서면 잡힐 듯 가까운 솔섬

한밤중에 여럿이 횃불을 들고
솔섬 물그림자 따라가면
두 발을 치켜세우는
꽃게, 미끄덩 밟히는 해삼, 낙지

거머쥔 손에 착 달라붙는 낙지발
급한 마음에 이로 물어뜯어 보지만
낙지는 더 빨리 콧구멍에 발을 밀어 넣었다
깜짝 놀라 횃불도 낙지도 바다에 던져 버린 밤

솔섬, 횃불을 들고 그곳에 가고 싶다

흙 발

 흰 고무신이 닳을까 봐 허리춤에 매달고 다니신 내 어머니 구산댁, 항상 맨발로 흙을 밟고 다니시다가 그토록 아끼던 신발도 찍히고 상한 나그네 발에 신기어 갈 때가 허다했다 그때야 알았다. 어머니의 베푸는 사랑을. 항상 맨발로 흙을 밟고 다니신 그 발도 가끔 오일장에 가는 날이면 하얀 그 고무신에 버선발이 예뻤다

 서산에 해 저물면 군식구 두셋 앞세우고 사립문 밀치시던 어머니의 일생, 밤이면 작은 이불 하나 밑에 포개고 엉키는 발들, 투박한 아버지 발이 어머니 발을 더듬을 때, 코를 골던 낯선 발은 이불 밖으로 밀려나고 등잔불마저 깜빡 졸았다

 날이 새면 헌 옷가지 입혀 주고 시래깃국에 밥 한 덩이 말아 먹여 보내며 눈가에 이슬이 맺히던 나날, 춥고 배고픈 사람 어머니 가슴에 담고 한평생 맨발이더니 어찌하다 저승 갈 때도 흙발로 가셨을까? 이십 년이 흘러도 그 맨발의 흔적이 친정집 사립문을 넘나든다

순덕 할머니

몸빼바지 검은 앞치마가 전부인
팔순의 찬바람
먼저 일어나
덜컹덜컹
바랜 양철 사립문을 흔든다

밤새 웅크린 새우잠
이혼한 아들은 감감무소식인데

새벽 4시
광암 공판장 종소리는 딸랑딸랑
동상 걸린 발은 더듬거리고 마음만 바쁘다
빈속으로 나선 할머니 곁에
12월 찬바람이 앞을 막는다

인적은 띄엄띄엄
난전 좌판에 쪼그려 앉은 할머니
물메기는 팔리지 않고
백발처럼 점점 핏기를 잃어 간다

어린 손자놈 눈에 밟혀
늙은 몸에서 자꾸 한숨이 샌다

고래

고래는 도안 여울목을 내달렸다
흰 물갈퀴로
바리케이드 넘었다
소용돌이 둘둘 말아 입고
괭이섬 술래잡기하던 고래
눈치껏 흉내 낸다는 것이
좌초한 어선의 몸짓만 잔뜩 부려 놓는다
흔들림에 몸 맡기는 일, 끝내 섞일 수 없어
온몸 거품이 되고서야 역류 타고 얻어 낸 길
돌아보면 지워지고 없다
스스로 어선이 되어 달려가는 고래
고래어선으로 살고 싶었다
바다를 호령하며 솟구치고 싶었다
새 길만 가라는 가르침
가면 길이라고
어부로 사는 일은 길 버리는 일이라고
길 밖의 고래가 되는 일이라고

저녁 바다

구산면 여섬 붉은 노을에 내가 잡혔다
듬성듬성 주저앉은 푸른 섬에 바다가 끓었다
붉은 노을이 끓는다
누가
쪽빛 바다에 불을 붙였을까?

타오르는 저 불꽃에
빛 잃은 저 낮달을 구워
내 품에 안고 다녔으면 좋겠다
싸늘히 식어버린 내 가슴이 데워지면
사랑의 불꽃이 살아날 수 있을까?

하늘에 검은 점들이 몰려온다
아, 기러기 떼
우두둑 흑별이 되어 끓는 바다에 쏟아진다

바람꽃

닻줄을 끌어올리자
정박해 있던 어둠이
창포 뒷산으로 몸을 감춘다
눅눅하고 차가운 냉기
목덜미를 타고 가슴속까지 파고든다
삿대를 잡고 하늘을 본다
어슴푸레 보이는 괭이섬 바람꽃
뱃전을 슬금슬금 기어오른다

파도는 기관실을 타고 넘어
뒷산에 오르고
꿰맨 그물코엔 송알송알 미더덕이 열렸다

수천 번 걷고 걸어도 첫발일 뿐인 바다
잦아들 줄 모르는 파도 너머
첫발 디딜 날 기다리는 어미처럼
조심조심 키를 잡는다

서낭 끝에서 바람꽃이 핀다

수정댁

대낮 같은 달밤이었다
밀물은 제방에 찰박이고
선창 아래 잠든 지 오래된
지아비 기다리는 수정댁
날마다 그녀의 눈은 달빛 번진 바다 같다

겨울밤 전깃줄에 앉아
사납게 울든 바람마저
추위에 못 이겨
가슴팍을 비집고 파고들던 밤
달빛 밝은 저 바다가
지아비 닮은 외동아들마저 데려가
강산이 바뀌고 또 바뀌어도
나올 줄 모르고

새우젓같이 저린 가슴
달빛 번진 바다 같은 그녀 두 눈에
대롱대롱 서방과 아들
새우젓같이 저린 가슴
폐품 싫은 리어카
두 사람을 싣고 간다!

훈장

술이 취해 골목길이 비좁다
담벼락을 들이박고 이마에서 피가 흐른다
해경초소 유리창이 쨍그랑 부서져 내린다
수협 문짝이 박살 난다
아직도 열대 우림 속에서 피를 흘리는 박 하사
내가 누군 줄 알아 박 하사야 박 하사
까불고들 있어, 다 죽여 버릴 거야 다
햇살 유리창은 베트콩 은신처
눈에 보이는 온 마을이 전쟁터다
한바탕 전쟁이 휩쓸고 간 자리
뿌연 안개를 포연으로 착각하는 박 하사
항해 중에 키를 놓고 갑판 위에서 긴다
안개 가린 가덕도 바깥, 뱃길이 골목길인가

2층 옥상에서 새처럼 탈출하다
허리뼈가 부러져도
주먹을 내두르며 내가 누군 줄 알아 까불지 마
날마다 디엔칸 골짜기 포연 속에 사라져 간
전우 이름을 부르는 백마부대 박 하사
미치지 않고는 견디지 못해
오늘도 화약 냄새를 마셨는가
상처 난 얼굴 바다가 비좁아 골목길이다

바다

날마다 속살을 간질이며 파고드는
미끈하게 잘생긴 민어 같은 놈
섬 너머, 너머에 산다는
아귀같이 못생긴 놈
모두 한자리에 모여 사는데

비가 내리고 어둠을 따라
폐수가 흘러드는 날
젖줄을 물고 있던 자식들
배를 뒤집은 채
하늘을 향해 벌렁 드러눕는데

어둠에 갈라 터진 혓바닥
사방에 핏물이 번지고

바다는 어찌할 수 없어
절벽을 향해 달려가 머리를 찧으며 운다
죽어 가는 자식을 앞에 놓고
소리치며 울부짖는다

제2부

바다의 그루터기

어머니는
구릿빛 너울에 쓰러진 바다의 그루터기

노 저어 먼 바다로 나갈 때면
내 손목 찬미를 불렀다
찬미할 삶이 없었던 것일까
태풍에 허리 꺾여 일어날 줄 모르는 아버지
바다가 길을 내어주지 않는 날이면
어머니 머리는 다시 소금밭이 되었다

파도로 늙어가는 어머니는
움이 트지 않는 바다의 그루터기
비 오는 날 빗물에 밥 말아 가래질하듯
한 손에 숟가락 또 한 손엔 운전키 잡고
바다로 나가셨다
한 생애 난바다 되어 출렁이더니
바다가 길 내어주지 않는 날

평생을 너울에 싣고
구름 범선 타고 하늘 건너실까?

벗어 놓은 발바닥

늘 대문은 안으로 잠겨있는 집
굳게 닫힌 대문을 두드린다
문 좀 열어 주세요
인기척에 맨발로 마당을 질질 끌고 나오는 독거노인
발길 끊긴 지 오래된 대문이 삐거덕 열린다

오줌을 모아 놓은 깡통
지린내가 방 안에 가득하다
전기밥솥 취사 버튼을 누를 줄 몰라
죽도, 밥도, 술도 아닌 것이
노인을 비틀거리게 한다

털도 뽑지 않은 채 삶긴 통닭 냄비 밖을
꾸물꾸물 구더기가 물밥처럼 기어다닌다
별난 성미 탓에 유급 봉사원마저 발길을 끊었다
강아지 한 마리만 노인 곁을 떠나지 않는다

정신을 벗어 버린 맨발의 노인
노인이 키우는 강아지도 맨발이다
노인이 먼저일까?
강아지가 먼저일까?
마당가에 벗어 놓은 저 발바닥

독서하는 갈매기 눈이 붉다

곰소 지나 격포항
등대로 가는 길 구불텅구불텅 이어졌다
돌길 따라 한참을 걷다
두런두런 책 읽는 소리에 멈추었다
물살이 넘기는 책갈피
따라 읽느라 눈알 굴리는 노래미
그도 가을인 줄 안다

가갸거겨 외우던 갈매기
책꽂이에 빼꼭히 쌓인 책 한 권도 뽑히지 않아
책 표지만 눈알이 붉도록 읽다가 꾸벅 졸고
채석강 틈새를 비집고 까치발로 걸어온 사람들
못다 읽어 책 통째 다 가져가려고
찰칵찰칵 셔터를 누른다

소리 없는 시 낭송

젊은 시인은
소리 없는 시 낭송을 한다
해맑은 눈빛을 보고
청중은 숨죽여 가슴으로 듣는다

눈으로 말하고
떨리는 날갯짓에 노래하는
땀에 젖은 언어 장애우
느티나무
그 아래서 휠체어에 매달린 시집이
목청을 돋우며
하얀 속살을 드러낸다

혼자서
한 바퀴도 돌 수 없는
시인은 1급 뇌성마비
그림자 같은 아버지가 돌린다

가슴으로 삭이던 언어를
입 대신 손이 말하고
몸짓이 말하는 동안
마침내
얼음을 뚫고 올라온
복수초꽃 같은 시인을 본다

고 백

푸른 갈기를 세우고
삼킬 듯 달려들던 당신
바람을 일으키고 바다를 뒤집어
밤새 파도가 끓던 날, 내 가슴도 함께 끓었습니다

때로는 살랑살랑 춤추는 손길 따라
꽃게 왕새우가 투망에 가득 찬 날이면
당신은 콧노래를 부르며
부드러운 바람으로 속삭였지요

밝은 달밤
발아래 고운 물빛 비단을 깔아
포근히 감싸 주고
짭짤한 체취로 달래 주던 당신

새벽부터 저녁까지 동행한
마흔 해 숱한 사연
당신 품속에 묻어 두고 떠납니다

광암 풍경·1

마산시 진동면 강바구
돌밭 사이사이 바지락 오줌 칙칙 싸 대는
칠성바위
사람들만 촛불 밝혀 빌었을까
썰물 때 노루 고라니도 와서 빌었다
제물을 차리지 않아도
낙지와 주꾸미가 제 발로 제단에 쭉쭉 기어올라
제 골수 꺼내어 제문을 써 붙여 빌던
오월 단오, 소라 잡기 좋은 날
우렁이 소라 씨름하듯 갯벌에 뒹굴었다

불에 달군 돌들이 해수탕에 빠지고
거적때기 뒤집어쓴 할머니 울 엄니
몸이 달아오르면 산호풍도 빠졌다
매립지에 묻힌 칠성바위
역사 속에만 살아 있는 해수탕 북두칠성 별자리 바위

왜가리

썰물이 빠져나간 진동 갯벌
아낙네 발걸음이 무겁다

얼어붙은 바닷가
칼바람이 귓전을 긋는데
허리춤에 새끼줄 달아
친친 동여맨 함지박

맨발로 걷는 왜가리 따라
호미를 든 아낙이 목을 빼고
사방을 두리번거린다

북풍에 흔들리는 파도 같은 삶
갯벌에 두 무릎이 빠졌다

평생을 갯벌에 엎드려 살아온
저 늙은 왜가리
또 무얼 찾느라 갯벌을 서성일까
곧 해가 넘어갈 텐데…

만 남

출렁이는 바다가
육지보다 편하다고
비릿한 갯냄새에
그동안 안부를 실어 보냈었다

뭍에 정 둘 곳 없는 사공은
바다가 고향이다

얼마만의 만남인가
갈매기야 파도야
그리고 물고기들아

사공은 바다와 살갗을 부비는 순간
가슴이 뛴다

돌아보면 먼 뱃길

파도 한 자락을 넘기며
모처럼 일기를 써보는 사공

시월의 달

달빛이 푸르게 시린 밤이다
소주잔을 비운 시간들이 취해
공판장을 어슬렁거린다

선창으로 나간 남자
통발에 가득한 물메기 훔쳐 가는 수달
도둑을 잡으려다 달빛에 잡힌
온몸으로 바다를 품은 남자
마지막 숨결로 뽀그르르 물꽃을 피운다

순간 바다가 놀라 파문이 일고
침묵만 지키고 있던 달빛도 119를 부른다
바닥을 끌어안고 있는
남자 눈에 수달이 박혀 있다

무릎까지 차오른 검은 장화는
남자 옆에 가지런히 엎었다
119 응급차 섧게 우는 공판장
허술한 달빛이 공허하다

자리끼

촌수도 없는 그를 땅속에 묻어놓고 돌아왔다
원하지 않았지만
속 깊은 아들이 내 자리도 미리 펴놓고 오면서
아버지가 덜 외로울 거라며 너스레를 떤다

저녁때쯤 다시 찾았을 때
봄날의 나른함에 그는
깊이 잠에 빠졌는지
기척도 하지 않는 그의 나른한 봄
주위에는 먼저 자리 잡은
초록 옷 입은 자 많은데
촌수 없는 그는 아직 옷을 갈아입지 못해
돌아서는 목울대에 흐린 초승달이 걸렸다

그가 걸고 있었던 목걸이 시계
재깍재깍 살아나는 서랍장
자리끼를 떠 놓았다
새벽에 돌아보니 그는 아랫목에 누웠고
자리끼는 줄어들지 않았다
대청마루 밑 늘 놓여 있었던 흰 고무신이 없다

토담집

감춰 놓은 사랑 하나 있다
숨 막히는 기다림에
곱게 단장하고
주위를 살피는 두근거림

날 기다리는 사랑 하나 있다
산 넘어, 넘어 가
그곳에
만발한 자줏빛 칡꽃 한 아름 꺾어
토담집 문패 앞에 봉긋이 꽂으면
거친 호흡소리 들려 내 심장 박동이 빨라진다

만나면 헤어져야 하는 슬픈 사랑
까만 문패에 붉은 십자가 새겨진
그 집 울안엔 지붕까지 떼잔디가 잘 살았다

잠시 햇살에 기대앉아 나직이 그 사람 이름을 부르다
돌아서는 등 뒤에 지치지 않는 그 푸름이
어서 가라고 손사래 친다

빈 방

진동면 죽전교회 뒷동산
앉아서 걷는
팔순의 언덕배기

방안 윗목에
받아 둔 소변조차 얼어붙은 냉기는
낡은 전기스토브 하나가
방안에 피운 온기 어깨가 시리다

인정 많은 이웃이 대접한 음식이
설사병을 부른 흔적
담요 이불 옷가지
방망이로 툭툭 얼음을 깨고 빨아 널은
마당 빨랫줄에 주렁주렁 고드름
할머니의 수심처럼 열렸다

한 달에 한 번 찾아가는 집
끝내 독거노인은 가고 없었다
흰 머리카락만 여기저기 누웠다
지난달 마지막 남긴 한마디
미안타 미안해 벌써 갈려고?

폐가

반쯤 허물어진 담벼락 밑에
밥주발이 묻혀 있다
따신 밥 지어 올리던 가마솥은 어디로 갔는지
아궁이는 차게 식었다
서성이는 것은 바람만이 아니다
양지쪽 담벼락에 기대앉은 간암 말기 일규
시린 가슴도 한 번씩 마른기침으로 자지러지고
구멍 뚫린 방문
쪽마루 녹슨 문고리도 입을 닫았다
슬레이트 지붕을 뚫고 들어온 햇살이
빛바랜 사진을 어루만진다
늦장가 들어, 날 새는 줄 모르던 웃음소리가 보인다
벽에다 망자를 걸어 놓고
멀리 떠난 처자식 기별도 없는데
쿨룩쿨룩 귀에 익은 소리 들리는
늦은 봄날
도둑고양이
제집처럼 꼬물꼬물 새끼를 품었다

저녁놀에 취하다

해맑은 가을날, 서산에 지는 해는
바다를 붉게 물들이고
그 아름다운 바다가 사무치도록 그립구나
내 고향 괭이바다 일몰
창포만의 저녁놀처럼
너나없이 겪을 노년이
저 햇무리처럼 아름다웠으면…

아침 해돋이의 찬란한 햇빛에
에너지를 얻는다면
저무는 노을의 햇살은
아늑한 여유로움으로 따뜻했다
서산마루 노을 같기를 바라며
평생 열성을 다해 살아왔지만
돌아보니 후회도 많구나

곱게 물든 가을 산처럼
늙어가기를 바란다면
인생의 황혼 녘
겨울나무처럼 비우는 법을 배우자
노년의 마지막 결실을 향해

사랑을 배우고 온정을 쏟는다면
저무는 노을은 해맑고 풍요로울 것이니

필통 같은 기차를 타요

진동초등학교 백 주년을 맞은 동문님
우리 모두 어린 시절로 돌아가서
책 보따리 어깨에 걸치고
필통 같은 기차를 타고 오세요
솔섬, 화섬, 모자섬이 노래하는
광암 바다가 맨발로 달려 나와 님을 맞이할 거예요

파도를 일으켜 세우는 갯바람은
지금도 동촌 대나무 숲 푸름을 연주하느라
바다가 일렁거려요

바람이 켜켜이 쌓아 둔 모래톱
발가락 사이를 드나들던 파도 소리와
갯벌을 기던 콩게들이 새삼 그립답니다

검정 고무신 무명치마
필통 속 몽당연필처럼
오래된 기억들은 조금도 닳지 않았어요

도전장 내민 첫날 밤

스물네 살 새색시가
물결이 높이 설레는 링 위에서
사투를 겨룰
사공이란 초급 벨트에 도전장을 내민다
속이 메스꺼울 만큼 몸이 흔들리고
밤은 깊어 삼경인데 어둠 속에
떠밀리지 않으려 닻을 내리는
풍덩 소리에 누군가 다가서는 듯하다

달님이 지켜주는 헛기침에
놀란 별들이 쏟아져
무서움이 왈칵
머리끝이 쭈뼛쭈뼛
망망대해 아무도 없는데
두 눈은 말똥말똥
몽둥이와 칼 하나 곁에 놓고
치마를 머리까지 뒤집어쓴다

불안과 공포감이 교차하는 순간
사지가 오그라든다
밤이 새도록 엎치락뒤치락
작은 어선과 나
둘만의 첫날밤은 그렇게
단 한 번의 정사에 이르지 못한 채
드디어 동녘이 밝아온다

여선장

험한 파도 넘나들며
갈매기 벗 삼아
거친 세상 바람과 싸우며
물결처럼 살았네

오동지 설한풍에 손 시려 호호 불며
너울에 몸을 맡긴
고기잡이 사십 년
파도가 지어준
옷 한 벌 사시사철 입었네

저 바다 육지 삼아
똑딱선 배를 타고
바다 일 천직으로 여기며
바다로 출근했네
바다를 누비던 간 큰 여선장
그 시절 언제 돌아올까

꿈 많은 청춘 그때 그 시절이

굴 껍데기 손

바다를 만져 보니 울 엄니 손이 잡혔다
어느 날, 운명인 양 어부가 되어
서둘러 바다로 나갔던 엄니
"파도야 제발, 가만가만 길을 열어라
곤히 잠든 괭이갈매기 잠 깨면
집에 잠들었을 우리 아기 잠 깬다"시던

투망마저 꽁꽁 얼어붙은 날이면
내일 아침 너거 누나 월사금에
아버지 약값은 또 어쩔 거냐고
어머니 애간장 말리던 저놈의 파도 소리
지치지도 않은가 지금도 울고 있네

여덟 식구 치다꺼리에 늘 얼고 녹고
짠물에 절어 너덜너덜한 굴 껍데기 손
양은 냄비에 끓여주시던 노래미국, 울 엄니 손맛
살아서 볼 날 언제일까?

내 고향 진동

우산팔경(牛山八景)*을 즐겨 노래한
옛 선조의 숨결이 살아있는 곳
봄이면 물안개 자욱이 피어오르고
잔잔한 바다 점점이 떠 있는 섬들
한 폭의 그림처럼
밀려왔다 밀려가는 저 괭이바다

석양 꽃이 벌어지는 여름날 저녁
은비늘 학꽁치 등 푸른 고등어 춤추는
옛 향기 가득한 내 고향 진동
염전이 얼면 맞을수록 기운찬 팽이처럼
신바람 난 코흘리개들

황새, 청둥오리, 쇠기러기, 재두루미
무리 지어 날던 평화로운 곳
기억마저 늘 푸르다
평생 몸담아 살아온 이곳
그리운 옛 고향 풍경 잊히지 않네

---

*우산팔경(牛山八景): 원래 진동 지역에 고려 공양왕 2년에 우산현(牛山縣)이 설치되었다가 조선의 태종 때(1414) 진해현(鎭海縣)으로 개칭되었다. 그 뒤 순조 때(1908) 창원군(昌原郡)으로 합병되었다. 그런데 우산현 시절에 진동 풍경을 읊은 시(詩)가 우산팔경이다. 이 시는 작가 미상이지만 오랜 세월 애송되며 전해진 이 지역의 귀중한 문화유산으로 지난 1999년 옛 진해현 동헌(東軒) 마당에 시비(詩碑)로 세워졌다.

유년의 고향 바다

외롭고 쓸쓸할 때
검은 책 보따리 어깨 걸치고
딸랑딸랑 필통 같은 기차를 타요

끝없는 수평선에
그림 같은 섬들이
하나 둘 안겨드는 광암 바다로 오세요

엄마 품이 그리울 땐
아기 갈매기
하얀 손수건 물고 오는
바닷물에 맨발을 담그고
해수욕장 모래밭을 걸어보세요
모래 묻어 젖은 발 닦아줄
넉넉하고 아늑한 엄마 손이 여기 있어요

파도는
동촌 대숲 바람 소리 연주하지요
도다리 같은 졸망졸망한 유년들이 보여요

수없이 밀려드는
푸른 파도 위를 우리 함께 걸어 보아요
바다는 풍성한 주안상 차려놓고 기다릴 거예요

꼬리연에 서러움을 날려 보냈던

아스라한 동심의 추억
갈매기 날개에 시詩 한 구절句節 걸어 놓고
온갖 근심 훌훌 털고 소리 내어 웃어보아요

검정 고무신에 무명치마
단아한 어머니의 넋이 살아 숨 쉬는 곳
천년이 흐른 먼 훗날에도
내 고향 광암을 지키는 갈매기로 남을래요

봄이 오는 소리

종종걸음으로 사립문 나설 때
코끝에 오는 싱그러운 바람
물씬 풍기는 봄 냄새
두리번두리번
텃밭 귀퉁이에 앉아 놀던 봄아

얼른 반가운 손 내밀었더니
배시시 웃는 앙증맞은 그 모습
아직 춥다고 어깨를 움츠리는구나

지난밤에 또닥또닥
빗소리 들리더니
나 모르게 찾아온 봄아

연둣빛 치마폭 두른 초롱꽃
두툼한 입술 내민 노랑 민들레
입을 곱게 다문 새색시 같은
그리운 봄의 발소리를 듣는다

제3부

바다와 포옹

무겁게 하늘이 내려앉던 날
길을 잃은 갈매기 무리
떨리는 날갯짓이 애처롭구나

작은 어선과
떠다니는 섬들도 꿀꺽꿀꺽 삼켜버렸는가

둥둥 떠돌던 섬들은
보이지 않고
시무룩한 바다를
하늘은 가볍게 포옹하는 걸까

바람이 분다
마파람*이 숨 가쁘게 달려와
구름은 연기처럼 흩어지고
이내 바다도 하늘도
회색의 천지 서로를 감싸안고
하나가 되었다

*마파람: 뱃사람들의 은어로서 '남풍'을 이르는 말.

바닷속 내 일기장

바다의 가슴에 얼굴을 묻고
오늘은 멀리 떠나보고 싶구나
거친 파도 속에 기록해 둔
내 일기장 찾아줄 누구 없을까

물까마귀야
넌 알고 있지 내 마음
파도 자락 들추면
묻혀 있는 숱한 사연들
깊이 묻어 두었던 아픈 기억들이
마치 탁구공처럼 톡톡 튀어 오른다
젊은 날의 초상화가
물을 마시고
물이 바다에 빠진 달을 마시고
달이 추억을 마시던 지난 세월

버겁던 삶이라도 좋다
찢어진 파도에 휘감기고
한숨을 비벼 딸꾹질로 달래던
갈매기 날개 끝에 매달린 푸른 날들

파도 밑에 기어다닐
그리운 젊음의 그 한때를 꺼내 줄 누구 없을까

저 별은 내 가슴에

언제부터인가
하늘의 별을 보면
이야기하는 버릇이 생겼다

누구라도 붙들고
마음을 열고 싶은데
내 곁에 아무도 없어
별을 보고 속삭일 뿐이다

그 이름을 불러보지만
대답 없는 그 사람
생각하면
눈가에 무지개 서려
눈을 감아버렸다

기억 저편의 한순간도
다시 올 수 없고
만날 수 없는 것을
나는 잊었을까

시작이 반이다

시작이 반이란 말
헛말은 아니로세
가방끈 짧다 말고 배움길 나서보게
예순이
청춘이란 말
실감 나는 세상일세

바다를 내 집으로
한 세월 살았더니
세월은 흘러가도 내 마음 소년이라
파도야!
백 갈매기야!
아직은 청춘일세

갈매기 벗을 삼아
파도가 지어준 짠물내 나는 옷을 입고
바다를 육지처럼 너울에 몸 맡겼더니
물살이
수록한 시집
눈 감고도 읽겠네

봄 날

따뜻한 봄날
기지개 켜는 개나리가 내 마음을 부추긴다
봄바람 앞세워 꽃구경이나 갈까

분분하게 날리는 꽃나비
사뿐 바람 줄기를 잡고 날아올라
엄마의 콧등에 앉아 애기처럼 재롱을 부리네

꽃나비가 아기인가
깔깔 웃는 아기가 꽃나비인가

뒤뚱뒤뚱 넘어질 듯한 조바심에
엄마의 가슴에 꽃비가 하르르 쏟아진다

상족 바다

상족암床足巖*에는
푸른 소나무 아래
파도가 빼곡히 꽂아 놓은
책장이 있다

책갈피 사이사이
물새가 놀러 와
사인해 놓고 가면
바다는 쉬지 않고 사연을 적는다

파도가 수차례
사납게 으르렁거리다
다가설 엄두도 못 내고
아름다운 하얀 꽃망울만
잔뜩 피워놓고

풍광이 너무 좋아
멀리서 책갈피 사이사이
사연을 던져놓고 돌아가면
바다는 일일이 받아 적는다

*상족암(床足巖): 경상남도 고성군 하이면 덕명리 해안에 있으며, 군립공원으로 면적은 5,106㎢에 이른다. 지형적으로 해식애(海蝕崖)에 해당하며, 파도에 깎인 해안 지형이 육지 쪽으로 들어가면서 해식애가 형성되어있다. 그 앞에 평탄하게 발달한 암반층이 파식대(波蝕臺)이다. 상족암 앞의 파식대에는 공룡 발자국이 선명하게 찍혀 있다. 한편 해식애 암벽은 시루떡처럼 겹겹이 층을 이루는 수성암(水成岩)인데, 그 생김새가 밥상 다리를 닮았다고 하여 상족(床足)이라고도 한다.

미더덕

여보게, 내 말 좀 들어 보시게나
난 말일세, 생각해 보니 너무 억울해
그 물 좋은 해역에서
밀물 썰물 다 맛보며 세상 편하게 살다가
어느 날 나는 원하지도 않았는데
그만 세상 밖으로 나와
세척기 속에서 정신을 잃었다네

얼떨결에 정신이 드는 순간 영하 30도
몸은 벌써 굳어져 있었다네
세월이 얼마나 흘렀는지 난 몰라
정신이 들어 살펴보니 글쎄
내가 짠물에 푹, **빠져있더군**
몸부림을 치고 정신을 차리려 해도
모두 헛일이었어
내 몸은 쭈글쭈글
아무 힘도 쓸 수 없었다네

젊은 새댁이 세척기에다 날?
세척기는 사정없이 돌아가고
눈알이 뱅뱅 돌아
한참 뒤 정신을 차려보니
만질수록 탱탱해지는 나를
젊은 여자가 칼끝으로 돌돌 돌리며
내 옷을 무섭게 벗기더군

머리만 남긴 채 누드로 홀딱
나도, 새댁도 부끄러워 얼굴을 붉혔다네

파란만장

바다 물살을 타고
콩이야 팥이야 주절거리던 푸념
바다는 다 듣고도

어부들이 쏟아내는 숱한 역정을
그냥 모르는 체 출렁일 게다

소란해서 귀를 막았을지도 모를 일
물살을 타고 둥둥 떠도는 언어들
다 주워 담기에 버거웠을까

더는 감당치 못해 고깃배 따라와
날이 새기 바쁘게
하품하듯 입을 벌려 방울방울 내뱉는다

바다가 뱉어 놓은 언어들
갯바위에 부딪쳐 잠든 해초를 깨우고
파도 타는 파란만장이
더러는 햇살 따라 번져
마치
뜬 고기처럼 살아 고물고물
허기져 언어를 쪼아 먹은 목쉰 갈매기
오늘도 목울대에 피멍이 든다

인심은 조석변이더라

사랑했던 사람아
가슴에 구멍이 뻐엉 뚫렸구나
너와 나, 우리 하나인 줄 알았지
이토록 허탈한 심정을 그대는 아시는지
애간장이 타들어가듯 아프기만 한 것을

돌아서는 등이 더 시린
내 사랑했던 사람아
내 다시 기필코 일어서리라
너와 나 30년 세월을 되돌아보며
내 속에 깊은 상념의 진액을
뜨거운 커피 한 잔으로 서서히 녹여본다

세상인심 조석변이라지만
그대가 정녕 나를 버릴 수 있다니
세상이 온통 허망하고 적막하다
나의 분신 같은 사람아
우린 언제나 둘이 아닌 하나였지

다시 만날 날은 참으로 아득하네

산 책

구름 한 점 없는 상쾌한 아침
폐선 한 척이 나의 발길을 붙잡는다
가던 길 멈추고
태풍 링링에 휩쓸려
갯가까지 떠밀려 온 처참한 모습을 바라본다
어디서 예까지 밀려왔을까

부부가 같이 타던 배였을까
피붙이 같은 배를 살려보려고
애간장 태우며 발버둥 쳤을 모습이
눈앞에 선하다

파도에 너덜너덜 살점이 찢기고
뼈대만 앙상한 빈 배 안에서
내외간의 정다운 웃음도

애간장 녹을 듯한 울음도
흥겨운 뱃노래까지도 환청으로 들린다

갑판 위에 팔딱거릴 고기는 밀어내고
선체 안에 전리품인 양 온갖 잡동사니 다 끌어다
가득 채워 놓은 태풍의 흔적

만선을 꿈꾸며 평화로웠던 그림 한 장만
내 눈앞에 주마등처럼 스쳐간다

벚꽃놀이

비 개인 뒷날
무작정 떠난 길
벚꽃이 고운 진해로 갔네

마음 맞는 길동무 둘, 셋
경화역에 내리니
거리는 인산인해
꽃비가 이리저리 눈꽃처럼 날렸네

눈발 같은 웃음꽃이
경화역 인파 속에
바람처럼 파고들어

사람들이 내뿜는 숨소리
뒤로하고 빠져나와
경화역 기차를 타고
삼포로 가는 노래비*를 만나러 갔네

*"삼포로 가는 길" 노래비(碑).

개교 100주년 기념행사 축시

반백 년 넘어선 세월 저편
진동만 그 옛날에
무 배추 한 짐
자근자근 밟아 간 절여 씻어 올리고
간장 된장 담가 먹던
그 청정 해역은 다 어디로 떠났는지
동문들 이마 주름살에
오늘도 찾아본다

까까머리 단발머리 반백이 되어
그 향수에 젖는 동문들이여
괭이갈매기는 고향 소식 한 아름 물고
늘 푸르고 넓은 가슴으로
우리 사랑을 전한다네

오늘 벅찬 가슴을 안고
개교 100주년을 맞아 한자리에 모였으니
주름진 술잔을 들고 다 함께 지화자 부르세
사랑하는 진동초등학교 동문들이여
모교에서 마시는 낮술 한 잔
그대들 앞길에 영광 있으리

— 개교 100주년 기념 책자에 개재된 축시(2008년 봄).

세상은 요지경

우리 집 안마당은 판도라 상자다
암탉, 수탉
대가리 물고 뜯는 저놈의 달구새끼들

싸움닭이 따로 없구나
어디까지 파헤치고 헤쳐
어느 놈이 저 상자 안에 들어갈까

아수라장 요지경
그 속에 봉황 한 마리
이리저리 차이고 짓밟혀
결국 족보도 잃은 채
싸움닭으로 변해 간다

어허
누가 곁에 있어
봉황의 고운 깃털을 다듬어 줄꼬

농촌의 수탉으로 살고파 봉화로 이사를 했건만
촌닭으로도 살지 못해
제 머릿돌에 찍어 피 흘리고 말았네
봉황의 노란 깃털이 봉화 거리마다 펄럭이네

마음 가는 대로 살았으면

먼 곳이 아니라도 좋다
아무 곳이라도
가고 싶은 곳 찾아가자

만나면 벗이고
정들면 새 친구가 되리

나 이제
바다를 떠나 살 수 있다면
은빛 찰랑거리는 바다를
바라보지 않아도 숨 쉴 수 있다면
허물없는 친구 만들어
한만閒漫하게 살고 싶다

나 이제 바다가 그리워지면
호숫가에 집을 지어
이른 아침 물안개 피는 산책로에
새들의 맑은 지저귐도 듣고
풀벌레 자장가로 잠들었으면

그리운 추억

오늘같이 봄비가 내리는 날이면
영아 보고 싶구나
우리의 짧은 사랑
짧은 만남은
얼마나 더 세월이 지나면 잊힐까

보고 싶은 마음 간절하나
너의 안부를 물어볼 용기가 없네
망설이고 또 망설이다
백지에 토해본다

장미꽃이 피를 토하는 5월이면
지난날이 주마등처럼 스치네
언제나 너의 손에는
붉은 장미꽃이 있었지
빙그레 미소 지으며 말없이 내미는
붉은 장미 한 송이

머위잎 편지

담양 메타세쿼이아
가로수 거리
개망초꽃 풋풋한 내음
밤꽃 향까지 덤으로 얹혀
하얀 햇살에 실어 보내면
그대는 알까
내가 보냈다는 것을

물레방아 흥겨운
들녘 카페에서
보리 이삭 한 움큼 주워
물소리, 새소리, 대숲의 바람 소리까지
구름 한 조각에 실어 보낸다

소쇄원*에서 그리움 담아
갓 피어난 들꽃처럼
수줍은 마음으로
머위잎 따서 편지를 띄웠다

---

*소쇄원(瀟灑園): 전라남도 담양군 가사문학면 지곡리에 있는 조선 시대의 정원.

어느 봄날에

봄볕 나른한 오후
바다도 가물가물 졸고 있다
피아노 건반의 울림 같은
갈매기들의 합주곡에
꽃봉오리 벙글 듯 바다도 눈을 뜬다
휘우뚱 갈매기 날갯짓에
봄 바다에
사부작사부작 꽃이 핀다

찰랑찰랑 노 끝에 감기는
물소리 듣는다
김소월의 '못 잊어' 시집에
정신을 벗어놓은 채
'초혼'을 외우다
시간 가는 줄도 몰랐다

해는 서산으로
또 하루 저물어 가는데

등대로 가는 길

하얀 물방울 뒤엉킨
빨간 등대 길을 따라
저만치 홀로 걷는 너

꿈틀거리는 거친 몸부림
살아있음에 아파해야 하는
마침내 하얀 포말로 꽃 피운 파도 앞에
수백 번 몸 뒤척이며 혼을 맡긴다

시간의 흐름도 잊은 채
겨울 부둣가에서
누군가 빈 마음 밝은 빛으로 채워준들
그것은 한순간의 갈증 같은 것

세상이 모두 잠든 이 밤
그리움에 목마름 적시고 싶어
잠든 바다를 이고
붉게 열린 길 따라 마냥 걷고 있다

바다여 안녕

바다에 꽃비가 내리는 오늘 같은 날
그대가 온다는 기별이 오면
이제는 안녕이라 말해줘야겠다
희로애락 함께 했던 너와 나
기나긴 세월에 많은 그 사연
안개처럼 물컹한 어둠 속에 묻어버리자

바다야, 오늘 같은 날 네 얼굴을 그리려니
네 얼굴이 하도 많아
어느 것이 진짜인지 그릴 수가 없구나
수없이 많은 네 얼굴 중 하나만 고르라면

햇살이 수면을 기어가는
하얀 은빛 얼굴을 고르리라

바다야 네가 하늘을 삼킬 때
내 창자가 끊어질 듯 고통의 연속일지라도
젊음이 펄떡이던 맛난 그 한때가 그립구나
너와 나 사이 숱한 사연 뒤로한 채
헤어져야 할 마지막 종점에 섰네 그려!
내 소중했던 내 사랑 내 인생의 동반자여
이별을 고하자니 가슴이 뻑뻑 메는구나

가슴이 아리고 눈물이 흘러
읽고 읽어도 끝이 없을 한 장의 백지라도 띄우고 싶구나

어떤 인연

만남이 인연이 되는 것도 몰랐다
짧은 인연을 보내고
운명처럼 바다는 그렇게 나에게 왔다

꽃이 피고 지는 줄도 모르며
40년을 애인처럼 안고 산 바다
파도가 치면 파도 따라
바람이 불면 바람 따라
바람의 음곡에 맞춰
온몸을 내맡기며 춤을 추었다

빈손으로 태어났는데
그물이 비었으면 어떠랴
젖은 옷 그대로 고드름을 털며
빈 배로 돌아가면 또 어떠랴
노을보다 붉은 가슴앓이
나는야 청일호 여선장

세월이 흘렀다
바다의 물살을 가르기엔
세월이 너무 흘렀다
지금 미더덕을 까면서
간간이 파도 사이로 들려오는
해조음을 들으면
겁도 많은 한 소녀가

평생 주는 대로 받아들인
바다 이야기를
아직도 다 못하는 어떤 인생 이야기를

술친구 하나라도

웃다 울다 허허실실
때로는 정신 나간 듯 거리를 헤맸다
출항할 때 뱃머리 줄 풀어주며
배웅하던 내 친구
이별이란 예고도 없었는데
지붕 위에 임자 잃은 옷 한 벌
춤추듯 펄럭이던 환상이 보인다

아직은 잔설이 남은 삭풍에
삐죽이 내다보는 우듬지같이
가늘게 떨리는 파열하는 실핏줄
애처로운 그 눈빛
가슴 캄캄한 곳에서
터질 듯 풍선처럼 부풀어 오르는데

내 친구 삼베옷 한 벌 걸치고
북망산 가는 길에
술친구 하나쯤 데리고 갔으면 좋겠다
허술한 주막이라도 들릴 때
누가 보름달이라도 내어다 걸어 주었으면

제4부

폭포의 깃털

금오산은 비지땀을 흘리고
노부부는 여유롭게 산책을 즐기는데
노년의 평화로움이 보인다
넓은 호수의 둘레길
앞다투어 걷는 사람과 사람들

모습도 마음도 행동도 가지가지
무엇에 쫓기듯 바삐 걷는 사람
아름다운 호수의 풍광을 돌아보며
가쁜 숨을 헉헉 허공에 던져놓고 가는
그 대열에 섞여 호반을 돌았다

폭포의 산울림이 마음의 혼불을 지핀다
시원스럽게 쏟아지는 금호 폭포수
다시 승천하고 싶어
온몸을 비틀어 털며 다시 오르려다
폭포는 비늘만 벗겨지고 곤두박질이다

폭포의 깃털처럼 날리는
물비늘이 장관을 이루는 한 폭의 그림이다
그림 한 폭 얻고자 더 가까이 갔다가
폭포가 벗어던진 비늘 옷 한 벌 건졌다
내 몸에 착 달라붙어 딱 맞는
맞춤옷 한 벌…

탑이 무너지는 날

바람 불어 오색 단풍이 날린다
길섶에 쌓인 낙엽 밟히는 소리
서벅서벅 바스락바스락
밟히는 느낌도 가지가지

석남사 내천에도 낙엽이 내린다
골골골 골물소리
색소폰 음악 같아 귀가 맑다
물 흐름 따라 피라미 파닥이는 꼬리에 밀려
오색 단풍이 급류를 탄다

반야교 아래 밀려온 자갈
돌탑이 삐뚤삐뚤
모양도 생각도 가지가지
돌탑 쌓는 마음마다
수심이 가지산만큼 높았을까
돌탑을 보면 쌓는 이의 마음이 보인다

빗물이 불어나는 날
흔적 없이 사라질 저 돌탑들
탑이 무너지는 날
수심도 무너지기를 빌었을까

길

산 밑
노인이 살던 슬레이트집이 부서진다
노인의 앞가슴에 붙은 흰나비
훨훨 날아 노인의 곁을 떠난다

휘청거리며 돌아서는
노인의 눈빛도 외면한 채
포클레인은 허기진 짐승처럼
묵은 시간까지 삼켜버린다
단단한 기억도 순식간에 무너진다

옆구리를 물어뜯겨
지축을 흔드는 신음이
난폭한 쇠 이빨에 흩어지고

집을 눕히고 길을 세운 짧은 시간
노인의 집이 길 속으로 사라졌다

망연히 바라보던 노인
옛집을 안고 더듬거리며 걸어간다

얼굴 없는 인연

한 생을 살다 보니
만남도 가지가지
옷깃만 스쳐도 인연이라 했거늘
온라인 전자댓글로
만난 인연 십오 년이 넘었구나

날마다 요일마다
전자댓글 안부로
눈 오면 눈 온다고
비가 오면 비 온다고
그날의
날씨에 맞는 영상 편지 설레게 하네

아무리 흔하게 떠도는
카톡일지라도
일 년 365일
얼굴도 모르는 한결같이 심성이 곧은 사람
날씨 따라 봄꽃들을
하르르 안겨주니
화사한 안개꽃다발처럼 내 마음도 따라 피네

주남저수지 풍경

외발로 선 재두루미
목이 꺾인 갈대를 바라보며 골똘하다

강물에 부리를 헹군 고니는
물에 비친 제 모습에
긴 목을 뽑고 구애 중이다

가랑가랑 노래하는 가창오리
허공을 맴도는 황조롱이
힘찬 날갯짓으로
강을 박차고 오른 기러기 떼
지친 하루를 털어낸다

저무는 강 언덕
물속을 홀로 걷는 왕버들
무릎까지 흠뻑 젖었다

등불처럼 가시연잎을 띄워 놓고
저수지가 하루를 닫고 있다

동창생

처음 만나 손수건 가슴에 달고
고사리 손잡고 강강술래
돌아보니 70년 세월 어디에 갔나

살다 보니 무지갯빛 인생을
찬란히 꽃피운
우리들 애기 주저리 주절
하하 호호 웃다 보니
주름진 이마 위에 눈꽃이 피었네

만나면 즐거웠고 헤어질 때 아쉬운
세월에 밀려간
그 머스마 그 가시나
바람에 날려간 친구들이 생각난다

불러보고 불러도 대답이 없어
그립고 또 그립구나
흉허물 털어놓고 소탈하게 웃으며
만날 수 있을 때 만나고
걸을 수 있을 때 또 만나자

우리는 진동 초등학교 42회 동창생

이런 날도 있었다

여항산 허리를 감고 도는 운해가
내 마음도 휘감고 혼을 뺀다
보슬비는 운치를 한껏 북돋우고
오가는 길가에 보기 드문 뱀싸릿대 보니
대문 앞 훤하게 쓸고 계신 엄마 모습 보인다
비 내리는 함안 강주리 해바라기 축제장
방청객 없어도 품바는 흥겹다
축제장 비치해 놓은 우산 하나 얻어 쓰고
노란 우산에 노란 해바라기
사람 마음을 노랗게 물들였다

산등선에 오르니
쉼 없이 해바라기 안고 돌아가는 풍차
그 앞에 수많은 연인들 잡는 포즈를
국수처럼 쏟아지는 작달비도 못 말리는
찰칵거리는 셔터 소리 하하 호호
비를 피해 전망대에 앉아
빗소리 반주 삼아
잠시 시 낭송에 취해 본다
오늘 하루 멋지고 행복한
노랑 우산에 나도 해바라기가 되었다
비가 내리니 한층 더 멋있는
드라이브가 힐링이었다

사랑아

솔숲 오솔길에
당신의 흔적을 찾아
작은 풀잎들의 속삭임에도
귀 기울여 가며 안부를 물었다

청설모 한 쌍
새까만 눈을 굴리며
솔가지 끝에 매달린 뜨거운 열애
거기 파란 하늘이 내려앉았고
얼굴 맞댄 나무까지
정열적인 애무
그 위로 샘이 난 햇살 한줄기 꽂히는데

억새풀과 싸리꽃이 뒤엉킨 그 척박한 땅
당신의 흔적인가
짙은 남색의 제비꽃이 거기 있었다

바람 부는 오후

벌써 한 해가 다 저물었네
하고 싶은 것 다 못했다고
내 안에서 아우성인데

바람은 전깃줄 고압선에 감전되어
귀청이 터질 듯 통곡하며
달아나려 휭휭~~휘잉 몸부림치고
바다엔 메밀꽃이 하얗게 피었다

작은 어선이 메밀꽃밭을 휘젓고
숨었다 나왔다 숨바꼭질을 하는구나
겨울 바닷바람은 바늘 끝보다 날카로운데
얼굴은 바늘자국에 시뻘게지고
어부의 머리는 고드름에 소금꽃이 피었겠다
한 치 앞을 모르는 고달픈 삶

하얀 바다를 한참 바라보았다
내 마음은 바다에 젖어 들고
부둣가의 들고양이 가량가량 울음도
바다에 둥둥 바람 따라 떠돈다

생존의 법칙

시퍼런 파도가 칼날을 세울수록
사공은 목표를 향해 뱃길을 멈추지 않고
갈매기가 허공을 물고 끼루룩 끼룩
바다를 잠재울 자리를 측량하며
시간을 세고 있다

겨울바람이 동짓달 이맘때 날을 세운 까닭은
물고기들이 번식하는 계절임을 알고 있기 때문일까
뭍이 가까운 곳으로 대구가 떼 지어 이동하고
넙치와 물메기, 노래미도 산실을 찾는데

겨울바람은 사공 허리춤에 들어가
가슴으로 새어 나오고
바다 밑에는 대구가 산실을 차리느라 분주하다

빽빽하고 촘촘한 수천수만의 알갱이들이 빠져나와
부화할 날을 기다리는 때를
사공은 놓치지 않으려고 덫을 놓고
강추위도 아랑곳없이 배를 띄운다
부화에 성공한 생존율은 얼마나 될까?

여항산

진해 해양공원 동섬 건너편
음지도 해변에 6.25 전쟁에 참전했던
922함대가 역사를 말해주고 있다
괴뢰군의 근거지였던 진동
마을은 전체 잿더미가 되었고
쫓기던 괴뢰군은
여항산* 깊숙이 숨어들었다

정찰기는 하늘에서
솔밭 속에 숨은 적군을 찾아
922함대에 무전을 주고받으며
개미 새끼 한 마리 빠져나가지 못했다
괭이바다에서
무전 받은 함대는
즉각 포격으로 괴뢰군들 궁지로 몰리고
여항산 괴뢰군이 전멸했었다
적군도 아군도 수많은 희생자를 낸
그때 전공을 세운 922함대는 지금…

*산 모형이 돛단배 같아. 여항산: 갓데미산, 미군 전사자가 많아 남긴 말 갓 뎀.

푸른 휘파람

첨벙첨벙
수많은 별은 밤바다에 뛰어들고

날마다
휘파람을 불었던 저물녘
그대 앉았던 풍경은
서서히 갯물에 빠져드네

널 그리워하듯
섬들은 기억하고 있었을까
푸른 휘파람을 분다

내 그리운 소리
하얀 파도에 실려 온다
마치 산새가 재잘거리듯

분화구의 용트림처럼
지난 기억들을 토해내는
선창가의 달밤

꽃잎처럼 쏟아지는 달빛에
휘파람은 바람 속에서 운다

파도치는 날

그대 빙그레 웃는 모습이
나를 향해 다가오는 줄 알았습니다

대화를 나눌
그대가 내 곁에 있음을 알았습니다
마음이 동할 때
특별한 느낌을 갖게 해 주는
당신은 신기루라 생각합니다

밤공기를 타고 날아온 휘파람 소리
가까이 느껴지는 그대를 봅니다
숨 쉬는 그대의 호흡 소리
내 마음에 평온을 느낍니다

그대가 있기에 행복합니다
옷깃만 스쳐도 인연이라 했는데
우리의 만남도 인연이겠지요

파도를 뛰어넘어 만난 당신은
내게 산소였고 이슬이었소

내 마음 알고 있는 바다

아무 준비 없이 바다로 나갔던 날
갑자기 회오리가 불어닥쳤다
섬그늘 너머로 은신처를 찾았다
섬 너머에 닻을 내리고서
안도의 숨을 쉬었다

너울성 파도는 내 작은 어선을
이물에서 고물까지 쏴쏴 훑어간다
먼바다를 바라보았다
후둑후둑 굵은 빗방울이 떨어진다

큰 빗방울을 온몸으로 맞으며
나는 왠지 서러웠다
오도 가도 못하는 절박한 심정
느닷없이 천둥번개까지 동반한
바다가 무서워 울었다

먼바다를 간을 졸이며 바라보았다
나는 혼자 떨며
까닭 없는 서러움이 복받쳤다
바람 잘 때를 기다리는데
파도가 배를 흔들며 달래준다
서서히 바람은 누그러지고
바다가 가르쳐주는 인내를 나는 그때 배웠다

보고 있어도 목마르다

내 마음의 정원에는
내가 경작한
드넓은 바다가 있다

습관처럼 손 내밀어
"바다야 너를 사랑해" 하면
싫지 않은 모습으로
하얀 이를 반쯤 드러내 반긴다

살가운 눈웃음으로 내 손을 붙잡고
싱그러운 바람을 불러와
말갈기 같은 스란치마 말아쥐고
너울너울 춤을 춘다

부드러운 제 살갗을
벗은 채 내맡기는 바다
때로는 저 혼자 삐져
나불*을 데리고 올지라도
나는
늘 갱물**이 그립고 목마르다

*나불: 태풍 사투리.
**갱물: 바닷물의 사투리.

숨 쉬는 나무

중환자실에는
육신의 고통도 모르는 채
신음 소리조차도 들리지 않는 피노키오
굽혀진 팔도 펼 줄 모르는
양다리 포개져 꺾어진 나무

호흡기에 의지한 숨만 쉬는 나무
몇 날이 가고 몇 달이 가고
혹은 몇 년이 가건만 링거에 매달려
목숨 줄 놓지 못하는
방울방울 떨어지는 액체
그 한 방울이…

아내가 물수건으로 얼굴을 씻고
아들이 마른 나무 같은
팔다리를 문지르지만
아무 반응 없는 그 한 방울의 액체…

겨울 바다

동지섣달 설한풍이
귀청을 울리는데
어민들 한숨 소리 한 수 더 높아지고
사공의 어깻죽지 움츠러들었네

여보시오, 뱃사공님
일어나 힘내시오
호수 같은 은빛 바다 그리워만 하지 말고
목청껏 가슴을 열고
봄을 힘껏 불러보구려

내일 또 내일이면
새봄이 찾아오고
얼어붙은 어부 가슴 눈 녹듯 풀어지리니
청잣빛 꽃샘바람에
숭어 꽁치 만나리라

안 개

새벽부터 안개는 바다를 가둔다
끈적이는 안개 속에서
탈출한 새벽은 실종된 섬을 찾아
괭이바다를 출력한다!

고깃배의 엔진 소리에
바다는 잠을 깨고
희미하게 비취는 불빛은
안개의 심장부를 관통하고

뒤집힌 물살에 뿌리째 흔들려
통째로 삼켰던 섬을
울컥울컥 토해놓고
안개는 스스로 자멸한다

바다의 울음소리

새벽부터 그물 손질에 지친 사공은
허공을 붙잡아보겠다고 한참 허우적거리다
무겁게 내려앉는 시간에 짓눌린 목에서
저절로 새는 쓰디쓴 바람을 내뱉는다

한낮에 바다에 닻을 내리고서야
사공은 뱃장에 벌러덩 누웠다
하늘에 새털구름이 새처럼 날고
새털에 꼼짝없이 갇혀버린 낮달을 보는데

고요의 정적을 깨뜨리는 바다의 울음
물밑 깊은 곳에서 울리는 소리 우 우
바다의 표정을 읽는 갈매기들의 함성
그곳엔 큰 변화의 소용돌이가 보이고

황급히 닻을 올리고
함께 한 선원을 부르는 선장
놀란 토끼처럼 후다닥 일어나
일사불란하게 완전무장한 사공

인연이란

창 넓은 찻집에서
봄 햇살 같은 은은한 미소에
내 마음을 빼앗겼다
한 아름 그리움이 풍기는
추억을 보석처럼 껴안고
그 찻집에서 지난날 돌아보니
지금도 가슴이 설렌다
원형 테이블에 놓인
액세서리 인형처럼
잠시 내게로 온 당신
따뜻한 사랑이 오가던
지난날이 그립다
아직도 내게
이런 설렘이 있을 줄 몰랐다
살짝살짝 내 마음 흔드는
당신이 보고 싶다
향기로운 커피보다
더 진한
사람 냄새가 더 좋더라
스산한 가을바람 따라
함께 걷던 그 길에도
바람 불고 해 뜨고 노을도 지겠지

실 종

신비의 섬 울릉도
서울에서 여행을 온 부부는 정답게 둘레길을 걸었다
밤바다 아롱지는 달빛 그림자에
넋을 빼앗긴 그 남자
발을 헛디뎌 벼랑으로 굴렀다

아내를 버려두고 어디까지 흘러갔을까
쉰한 살 남자
홀로 섬이 되어버렸다

불러도 불러도 바다는 입을 다물고,
바다 밑을 일주일 동안 샅샅이 훑던 잠수부도 돌아섰다

홀로 남겨진 그녀
망부석처럼 부둣가에 서 있다가
울릉도를 통째로 가슴에 묻고
썬플라워호에 올랐다

그녀의 울부짖음을 모른 척
바다는 여전히 침묵하고 있었다

사부곡

당신 없는 빈자리 어느덧 십오 년인데
비바람 몰아치는 날
당신이 아직 부둣가에 머뭇거린다는 소문이
기억의 가지에 매달려 있네

당신이 놓고 간 청일호와 어망이 안개에 휩싸여도
소문은 있고 당신은 없네
살아서 아파해야 하는 나는
시간의 흐름도 잊은 채
출렁이는 물거품을 밀어내고
건져 올린 바다는 늘 당신이었네

고요조차 잠든 밤
휘어진 등짐으로 잠든 바다를 짊어지고
빨려 들듯 당신이 건너간
파랑 등대 길을 오늘도 가고 있네

제5부

진동 바다

평생 바다를 섬겼네
잔잔한 바다에
점점이 떠 있는 섬을 부르면
어머니 같은 진동 바다는
물안개를 휘감고 달려왔네

너울거리는 저 괭이바다
그 너른 치마폭에서
미더덕 오만둥이
갯장어를 내주었네

노을 꽃이 피는 곳
괭이갈매기 날갯짓 따라
뱃길을 잡아가면
어부들의 황금어장이
눈앞에 있었네

노을을 싣고
갈대밭 사이로
흘러가는 돛단배는
잊지 못할 내 생의 절경이었네

– 진동 광암마을 입구 시비에 새긴 글.

바다를 이겼다

검은 바다 새벽 별 하나 따려고
홀로 마음에 날개를 달아
하루치 필요한 에너지를 충전한다
는개 내리는 이른 새벽 바다에 던져진 별을 찾아
콧노래로 어둠을 밝히는 내 자가용
털컥, 엔진이 꺼지고
용수철이 튕기듯 스크루 물살이
소용돌이 분수처럼 날린다
갈 곳 없는 떠돌이 굵은 밧줄이
구렁이 나무를 칭칭 감듯이
스크루 심부 대를 칭칭 감아 꼼짝없이 잡혔다

넓은 바다에 도움 청할 곳 없어
죽기 살기로 내가 해내야 한다고
바다는 나를 어서 내려오라고 유혹하고

가는 밧줄 한쪽 끝으로 내몸을 묶고
또 다른 한쪽 끝은 배 선체에 묶고
뱃고물로 내려갔더니 파도가
내 옷을 벗기려는 무례함도 모자라
허연 이빨을 내보이며 침을 질질 흘린다?

내 엉덩이를 찰싹찰싹 두들기면
간이 오그라드는 성희롱 당해도 속수무책
뱀 혓바닥처럼 온몸을 구석구석 핥아

소름 돋는데 아무 저항도 못 하는 내 몸은
마치 물살에 밀리는 미역 같더라?

밧줄을 끊어내려고 칼을 쥐고
야금야금 베어 보지만 파도는 녹록지 않다
수십 번 바닷속으로 들어갔다 나왔다
짠물은 코로 들어갔다 입으로 뱉어내고
바닷물이 짠지 싱거운지 감각이 없다
다만 목이 터질 듯 따가울 뿐이다
장장 7~8시간의 사투 끝에 녹록지 않다
나는 바다를 한 움큼 움켜쥐고 뻔쩍 들어 올렸다
붉은 핏물이 손을 타고 뚝뚝 흘렀다
우와! 결국 해냈구나 내가 해냈어

남해 가천 다락 논

옛적 그 옛적에
울엄마 울아버지

허기져 배꺼죽에 등짝이 붙었다네
팔다리 상처투성이 성한 날 없었다네

돌을 캐고 흙짐 지고
피눈물 범벅이라

계단마다 흘린 눈물 얼굴을 씻고
논밭에 풀포기마다 한(恨) 서려 울었다네

다랭이논 질경이 심어
허기진 배 채웠다네

등지게로 한 뼘 두 뼘 넓힌 땅에
골병만 남은 사연이 얼마나 많았을꼬

소와 쟁기만이
필수인 다랭이 논밭

세월 흘러 이천오 년 명승지 되고 보니
유채꽃 해안 산책로 관광객이 인산인해

사천 무지개 길

햇볕이 와 닿는 한낮
푸른 바다가 눈이 부셔라
남해 마을 바다는 에메랄드 지천이네

무지개 길을 찾아 돌고 돌아
신창 풍차 해안도로 달리다
멋스런 풍차 앞 넓게 뻗은 갯벌,
낙조에 맞물린 불타는 바다
아름답기도 하여라

출렁다리처럼 길게 뻗은
바지선 아래 새끼 게들
짱뚱어 구멍 속으로 숨바꼭질에
시간의 개념도 잊은 채
아이도 어른도 놀이터가 되는 곳

동화 속 풍경 같은
보도블록 길이 환상적이다
길이 무지개다

봄의 향연

갈매기가 허공을 물고
바다는 파아란 물비늘로
살며시 바람을 부른다
바람은 머리카락을 날리다
어느새 한 마리 고래가 되어
바닷속을 유영하고

우수 경칩이 지나고
봄으로 가는 길목에서
봄의 분자를 세고 있는 바람은
바다의 속셈을 읽고 분석한다
바람의 움직임 따라 표정이 바뀌는 바다
구름은 낮게 깔려 주시하고 있다

생동감 넘치는
어부들의 봄의 절정 4월은
가장 활기 넘치는 계절이다
4월의 바다는 어머니 품속 같아
주고 또 주고받고 또 받아도
그 너른 치마폭에 보물 상자가 있어 자꾸 내준다

만남이란

황금빛 물결 일렁이는 들판은
소리 없이 사라지고
길섶에 우수수 떨어지는 낙엽들
벌써 가을은 저물었네!
외로움은 외로움대로 저물고
그리움은 그리움대로 가슴으로 삭이며
노란 은행잎이 날리는 길 따라
가을이 부르는 대로 떠나고 싶다

저토록 아름다운 오색찬란한 단풍이
바스락 내지르는 비명을 남기고
겨울이란 폭풍에 사라지듯이
잔잔한 하늬바람에 머플러 날리며
사랑하는 사람과 무진정 벤치에 앉아
눈웃음에 마음 녹는 속삭임도
기억마저 머지않아 잊히겠지

마음속 흠모하는 사람 있다 한들
만남도 헤어짐도 하늘이 내린
자연 이치와 같은 것을
그래도 마음 맞는 사람끼리
마음 가는 대로 따라
정답게 손잡고 단풍놀이 가보고 싶다

황홀한 무지개

화사한 햇빛이 온 바다에 내리면
어둡던 바다는 은빛으로 찰랑거린다
바다가 내 친구일까, 내가 바다 친구일까
눈을 감아도 떠도 바다는 내 곁에 있다
서러움의 아픔도 희망의 기쁨도
그 모습을 그대로 다 받아주는
언제나 침묵으로 안식을 가져다준 바다

동장군은 입춘을 겨우겨우 넘기며 집으로 가고
나는 움츠렸던 가슴 활짝 펴
봄 바다를 힘차게 달려본다
뱃머리 부딪힌 물보라는
화사한 햇빛에 나래를 펴고
황홀한 무지개로 뱃전에 뿌리를 내린다

봄을 어서 오라고 고함쳐 부르면
아지랑이 바람에 실려
바다는 물안개 피워 올리고
갈매기 시새움에 노래 부르네
바다는 언제나 정답게 손짓하면
오늘 또 내일 영원히 그 자리에…

진해 해양공원

노을이 고운 다도해 길은
어느 때고 무작정 나서볼 일이다
서산을 기웃거리는 석양길
바람 한 점 없는 겨울 바닷가
그곳에 S자 모랫길이 있다
밀물 때 숨어버리는 S자 모랫길
아담한 동섬으로 마음이 먼저 건넜다

신비의 섬
동섬 둘레길은 지는 해를 붙들어놓고
고즈넉한 풍광에 사진작가는
거가대교를 플래시로 잡아당기고
카메라에 갇혀버린 가덕도
거가대교 아래로
커다란 상선 한 척 여유롭게 흘러간다

마주 보이는 엄지도,
솔라타워 가는 엄지대교 아래로
바다는 붉게 요동치고
역류 타고 벌겋게 타오르는 해의 길
붉은 소용돌이에 휘말린 갈매기
순간 바다도 갈매기가 삼킨 해를 먹어버렸나

낙안읍성에서

순천 낙안읍성 사또 초대받아 갔더니
사또께서 내린 밥상 부실하더라?

돌돌 말아 소금구이로 올린 낙지발
꼬릿꼬릿 상한 역겨운 냄새
전라도 홍어를 삭히니
낙지도 삭히는가?

사또,
꼬막무침은 맛이 또 왜 이래?
생것도 삶은 것도 아닌 비위가 상하는구려

꼬리한 냄새에 주인 말을 듣지 않는
파리모기, 막아도 막을 수 없사오니
깊은 양해 부탁하옵니다

사또,
밥상은 이만 물리고
객사에 들려 잠이나 자고 가리다
길이나 안내하시오

증인이 된 소나무

소록도는 70년 전 그 고통
시퍼런 상처 솔잎마다 남았네!
엄마 품을 그리다 못 견뎌
엄마가 보고 싶어
집에 가고 싶어
아이는 몰래몰래 울었다네
바다가 가로막혀 갈 수가 없어
달빛에 보이는 건넛마을
엄마를 부르고 또 부르다
바다 위로 그냥 걸었다네!

왜병 순사가 길을 막아
아이는 밤 물살 타고
헤엄치다 사라졌다네?
한센병 환자들 배곯아
풀뿌리 캐 먹고
몰래몰래 소나무 껍질 벗겨
송진을 끓여 허기 면한
70년 세월 뒤에
소나무들 뼈가 드러난 흉터만 남았네
가슴에 깊이 팬 상처와 고통,
그날의 참극을 소나무가 말해주네

살아있는 진동 바다

우산 팔경을 즐겨 노래한
옛 선조의 숨결이 남은 내 고향 진동
봄이면 물안개 자욱이 피어오르고
잔잔한 바다 품에 점점이 떠 있는 섬들
갈바람이 파르르 일어서는 앞바다
모자섬을 쓰고 화섬으로 가네!

한 폭의 그림처럼
밀려왔다 밀려가는 저 괭이바다
석양 꽃이 벌어지는 여름날 저녁
은비늘 학꽁치, 등 푸른 고등어도 춤춘다

괭이갈매기 엉덩이 불쑥불쑥 내밀면
"궁둥이 봐라" "궁둥이 봐라"
덩달아 신난 아이들
하늘 닿을듯한 웃음소리
고래 등 물 뿜는 분수로 화답할 때
너울에 몸 맡긴 고래처럼 나도 그렇게 살았네

갈매기 날갯짓에 일어난
녹색 바람 따라 뱃길 잡아가는 곳
미더덕, 오만둥이, 갯장어, 꽁치가 풍성한
괭이바다 황금어장이 문턱 앞이니
이보다 더 복된 땅이 또 어디 있을까

<
지화자 좋구나, 참 좋구나,
세상살이 힘들어도
고향이 좋아 진동 바다 묻혀
평생을 몸담아 살아온 이곳
아름다운 진동만을 뉘라서 잊을까

어부의 삶

어촌이 고향인데 내가
어찌 떠날 수 있겠는가
내가 싫어 떠난다면
너도 싫어 떠날 것을
어부의 자식인 것을 운명이라 생각하세

바다의 넉넉함을
너도나도 알잖은가
흘러라 청일호야
돋섬으로 가자꾸나
오늘은 문어발처럼 발 빠르게 출항하세

아무리 힘들어도
오늘은 지나가고
썰물에 배 띄워야
저녁간게미* 보잖은가
매달린 어지러운 삶 사공생활 천직인 것을

*저녁간게미: 땅거미 질 때 고기가 가장 많이 움직이는 시간.

구들방 아랫목

울 엄마 찰각찰각 베틀에 앉아
몇 날 며칠 무명베 짜서
검정물 들인 이불 껍데기에
빨강 깃 달아
하얀 목화솜 속을 채운 폭신한 이불
여섯 식구 그 이불 하나 밑에 꼼지락꼼지락
엄동설한 이맘때가 되면
그때 그 이불이 생각난다

밖에 나간 식구들 밥 한 끼
엄동설한 그 겨울에
놋 양푼에 밥을 담아 식을세라
아랫목 이불 밑에 묻어놓고
사립문에 왔다 갔다 들랑날랑
조바심이 아궁이에 불을 지폈다

꽁꽁 얼어 호호 불며 일하던 손들이
방바닥을 쓸며 이불 밑으로 밀어 넣고
저녁이면 여섯 식구의 발들이
함께 헝클어져 웃음꽃이 피었지
지금은 다 하늘가고 나 혼자 남아
가끔씩 형제간의 정을 키운
폭신했던 검정 이불이 생각난다

광암 부둣가

하얀 낮달의 그림자에
석양이 어우러진 광암 부둣가
등대 길을 걷는다

오늘도 한 여인의 내뿜는 숨결 따라
갈매기의 연주는 시작되고
고된 하루를 털어내는
무거운 외투 자락이 바람에 펄렁인다

그래 가볍게 털어버려라
그냥 지나가는 바람이라 생각하라

바람에 날리는 긴 머리카락을
두 손으로 쓸어 올리며 미소 짓는다

마음에 파고드는
갈매기의 독창적인 하모니를 들으며

바다는 쉬운 일 아닌데

바다 생활 어부로 산다는 것
쉬운 일 아닌데
생사를 바다에 맡겨야 하는 운명
내가 살아온 바다 인생
쉬운 일 아닌데
자식에게만은 물려주고 싶지 않았는데
둘째가 뱃전에 발을 올렸다
한사코 말리고 또 말려도
엄마가 겪을 고통을
눈 뜨고 더 볼 수 없다며
기어이 서울 생활 접고 내려온 아들

바다 생활 쉬운 일 아닌데
내가 하던 바다 사업
뚝심 하나로 버텨온 양식장
미더덕, 오만둥이 생굴을 까며
밤 두세 시 바다에 나가면
미더덕을 채취하여 7시 선착장 도착
기다리던 아지매들 미더덕 까다 퇴근 시간 5시
이제 젊음을 다 바친 바다를 떠나야 하네
내 친구 바다도 눈시울을 붉히고
지는 해를 따라가던 갈매기도
구슬프게 이별가를 부르는구나!

그해 가을

갓 태어난 핏덩이 안고 떠난 피난길
난민 생활 석 달
내가 살던 마을은 간곳없고
집터를 지키던 주춧돌만 우리를 반겼다

아버지가 급하게 지은
소나무로 얼기설기 엮은 오두막
흙으로 비벼 만든 부엌에서
시래기국밥이 허기진 배를 채웠다

누런 벼가 낫을 기다리는 들녘
바쁜 가을걷이
일곱 살 나는 동생을 업고
새참을 나르고 함지박에 밥을 날랐다

서둘러 벼를 거둔 논바닥
철모도 군화도
인골도 제멋대로 뒹굴고
그해 가을 버려둔 농사는 대풍작이었다

밥을 꼭꼭 씹어 먹인 그해 여름
혹처럼 내 등에 붙어 자란 피난둥이 동생
강산이 세 번 바뀌자 그 동생은 천국 가고
강산이 또 세 번 바뀌어 그 딸은 시집을 가니
이제 죽은 아비와 같은 나이

부녀는 동갑내기다

포성도 멎고 철모도 군화도 사라진 논에는
또 가을이 온다

우포의 봄

자운영 찔레꽃 지천인
봄의 가랑이 사이를 지나
우포늪을 만났다

저 늙은
늪의 푸른 나이를
차마 헤아리지 못하겠다

왕버들의 머리는 여전히 푸르고

가시연잎 타고 개구리 놀던 그 자리
제 생살을 뚫고
보랏빛 가시연꽃 피었다

그 고통
차마 잊을 수 없어 꽃술을 움켜쥔 가시연
온몸에 돋은 가시가 그의 운명이다

물살을 박차고
비상하는 왜가리
작은 뱀장어 한 마리 물어 올렸다

70만 평
우포늪을 끌어안고 가시연은 핀다

이것이 인생이다

그 무엇을 찾으려고
한평생을 바다에 저당 잡혀
그토록 동분서주 했던가
바람을 잡으려고 그물을 쳐도
그물에 걸리지 않는 바람 소리
파도가 흰 이빨을 무섭게 드러내면
나는 파도의 등뼈를 타고
바람의 곡조 따라 마음 졸이며
온몸으로 춤을 추어야만 했었지

그렇게 희로애락을 함께했던
바다는 내 인생의 동반자
갈매기 벗을 삼아
상괭이와 말씨름하며
그렇게 또 한세월 살았지

사시사철 유행도 모르고
바다가 지어준 젖은 옷 한 벌
바다가 내게 베푼 만 가지 은혜가
오늘의 나를 만들어 주었네?
바다 생활 40년을 살다가
다 내려놓고 돌아보면
가져갈 것 하나 없는 빈손인 것을

철고래는 수컷이었다

바다 복판에 작은 막대기 하나
빠른 속도로 걸어가는 저게 뭘까?
바다에도 길이 있는데
샛길에서 자동차가 튀어나오듯이
곧 부딪힐 위험의 순간
아~아 비명소리
수면 위로 갑자기 푹 솟아오른 대여섯 수컷들
물에서 기름기가 번지르르한
검은 괴물이다?
그 괴물은? 잠수함이었다?

충돌할 뻔했던 절체절명의 순간을
30년 노련한 순발력으로 간신히 피했다
공포에 떨다 호루라기 소리에
돌아보니 가까이 오라는 손짓도
무시하고 도망치려 했지만
탕 탕,
고막이 찢어질 듯한 공포탄에
아, 이제 죽었구나 생각에
오줌을 저려 바지가 젖는 줄도 몰랐다

손발이 달도록 빌고 또 빌어
수컷이 아닌 암컷이어서 간신히 풀려났다
남자였다면 반신불수가 될 만큼
매타작을 맞고도 군사기밀 지역이라

항의도 못하는 곳
여자로 태어난 것이 난생처음
다행이란 생각에 안도의 숨을 크게 내쉬었다

늙은 고래의 푸념

해풍이 바다의 깃털을 날린다
늙은 고래 한 마리
오늘도 광암 갯바위에 앉아
품안에 새끼를 품고 해산할 날만 새고 있다

아득히 멀리 보이는 저 바다
힘차게 파도를 가르며
빠르게 흐르는 조류를 따라
저 큰 바다를 활개 치던 그날들을 세고 있다

한때 해협을 제멋대로 장악하던 힘은 어디 가고
몸체에 물기도 채 마르지 않았는데
시간은 빠르게 지나
떠밀리듯 육지에 앉은 지 오래구나
언제쯤 그 풍랑과 맞설 날들이 내게 다시 올까?

동반자

아름다운 나의 바다
파란 꿈이 샘솟는 내 바다
춘하추동 밤낮으로
밀고 당기며 살아온 세월
나의 한숨에 파도는 부서지고
갈매기 한 곡조에 고달픔을 잊었지

철썩이는 파도와 살아온 40년
바다야 너 하나면 족해
항상 내 곁에 있어 다오
네 앞에서 독백할 때가
가장 행복한 시간이란 걸 넌 알지
내가 외로울 땐
파도를 일으켜 온몸을 토닥여 주었잖아

바다야 너와 나는 일심동체
너와 나 살갗을 부비며 살아온 세월
너를 상대하기 버거울 때도 있었다만
육신을 방패 삼아 열심히 살았지
내 생의 동반자 나의 바다야!

창연시선 033

소금꽃이 피는 자리

2025년 8월 11일 초판 1쇄 발행

지 은 이 | 김명이
펴 낸 이 | 임창연
편　　집 | 이소정 임혜신
펴 낸 곳 | 창연출판사
주　　소 | 경남 창원시 의창구 읍성로 36, 2층
출판등록 | 2013년 11월 26일 제2013-000029호
전　　화 | (055) 296-2030
팩　　스 | (055) 246-2030
E - mail | 7calltaxi@hanmail.net

값 15,000원
ISBN 979-11-91751-97-0　03810

ⓒ 김명이, 2025

* 이 책은 한국예술인복지재단의 예술활동준비금 지원을 받아 발간되었습니다.
* 이 책의 판권은 저자와 창연출판사에 있습니다.
* 양측의 서면 동의 없이 무단 전재나 복제를 금합니다.